Gott Thront

und Sein
Thron Steht Ewig Fest!

Herrscherstuhl,
Gnadenstuhl
und
Richterstuhl

Weitere Bücher des Verfassers:

ISBN: 9 783739 222790: Die 11 Gewürze der Bibel
ISBN: 9 783739 219936: Die Musikinstrumente der Bibel
ISBN: 9 783753 420073: Der Glaube, die Taufe, der Christ
ISBN: 9 783659 710225: Die Schöpfung in Frage stellen?
ISBN: 9 783769 358223: Der Fels und seine Steine
ISBN: 9 783819 296826 Herr Jesus Christus, wie groß bist du
ISBN: 9 783695 103768 Die Landnahme Israels.

Die Bibelstellen werden nach der „Elberfelder Übersetzung“
(Edition Christliche Schriftenverbreitung Hückeswagen, 2003) angeführt.

VORWORT

Leider gibt es sehr viele Menschen die sprechen: „Es gibt keinen Gott“ oder sie reden von einem „lieben Gott“. Beide Vorstellungen sind falsch. Das Wesen Gottes ist *Licht* und *Liebe*, d.h. Wahrheit und Gerechtigkeit einerseits und Gnade und Barmherzigkeit anderseits. Gott kann Sünde nicht ertragen, sie ist Ihm ein Skandal; Er muss Sünde richten. Seine Gnade und Barmherzigkeit will den Menschen retten.

Um diese auf den ersten Blick erscheinende Gegensätzlichkeit miteinander zu vereinbaren, sandte Gott Seinen einzigen, vielgeliebten Sohn als eine Sühnung für unsere Sünden. Er, der Herr Jesus Christus, ist für fremde Sünden und fremde Schuld stellvertretend in das heilige und gerechte Gericht Gottes gegangen, damit der Mensch aus Gnade errettet werden kann, mittels des Glaubens; der Glaube ist eine Gabe Gottes (Eph 2,8), die Er jedem schenkt, der Ihn ehrlicherweise sucht, Er lässt sich finden (Mt 7,7; Lk 11,9)!

Der Schöpfer und Erhalter aller Dinge sitzt auf Seinem Herrscherthron und regiert die Welten, Er sitzt auf Seinem Gnadenthron um Gnade und Barmherzigkeit walten zu lassen, dem, der bußfertig im Bekennen seiner Sünden und Schuld Ihm naht, und im Glauben mit Lob und Dank, mit Bitten und Flehen Ihm naht. Der unbußfertige Sünder wird, ob er es wahrhaben will oder nicht, von Gott, dem gerechten Richter gerichtet werden, d.h. ewig getrennt sein von allem göttlichen in der Hölle, dem See der mit Feuer und Schwefel brennt.

> Johannes 3,36
> Wer an den Sohn glaubt, hat ewiges Leben; wer aber dem Sohn nicht glaubt, wird das Leben nicht sehen, sondern der Zorn Gottes bleibt auf ihm (s.a. Joh 3,14-21; 1.Joh 5,10-13).

Die vorliegende Arbeit beschreibt den Thron Gottes, auf dem der Mensch, der Herr Jesus Christus – Er ist Gott! –, sitzt und regiert in Gerechtigkeit.

THRON

Das griechischen Wort für Thron ist θρόνος (transkribiert: *thronos*); es kommt 62-mal vor.
Im hebräische ist es כסא כסה (transkribiert: *kissê'*); es hat 134 Vorkommnisse.

In den allermeisten Vorkommnissen meint es einen Staatsstuhl, meistens mit Fußhocker (Schemel), als deutsches Lehnwort bedeutet es Herrscherstuhl. Der Thron ist das Insignum der Königsherrschaft, er macht nach außen hin staatliche oder religiöse Autorität, Macht und Würde sichtbar und gibt damit das Recht zur Ausübung hoheitlicher Aufgaben. Wo der Thron steht manifestierte sich die Herrschermacht.
Es ist der Sitzende, z.B. Gott oder Kaiser / König, der einen Stuhl erst zu einem Thron macht.

Schemel heißt im Griechischen ὑποπόδιον (transkribiert: *hupopodion*) und findet sich 6-mal im NT.
Im Hebräischen ist es הדם (transkribiert: *hădom*). Im AT finden sich 6 Vorkommnisse.

> Hebräer 1,1-14 (gekürzt)
> Nachdem Gott vielfältig und auf vielerlei Weise ehemals zu den Vätern geredet hat durch die Propheten, hat er am Ende dieser Tage zu uns geredet in der Person des Sohn, den er gesetzt hat zum Erben aller Dinge, ... der sich gesetzt hat zur Rechten der Majestät in der Höhe; ... [zu dem Sohn hat Er gesagt]: „Dein Thron, o Gott, ist von Ewigkeit zu Ewigkeit, und ein Zepter der Aufrichtigkeit ist das Zepter deines Reiches; du hast Gerechtigkeit geliebt und Gesetzlosigkeit gehasst; darum hat Gott, dein Gott, dich gesalbt mit Freudenöl über deine Gefährten." Und: ... „Setze dich zu meiner Rechten, bis ich deine Feinde lege zum Schemel deiner Füße"?

Gott, der Sohn, ist Schöpfer und Herr aller Dinge. Zur zuvor bestimmten Zeit kam Er auf die Erde und wurde Jesus genannt. Nach Leiden, Sterben, Auferstehung und Himmelfahrt trägt Er jetzt auch als wahrer Mensch göttliche Ausstrahlung und göttlichen Charakter; Er selbst ist Gott und als wahrer Mensch hat Er „sich gesetzt zur Rechten der

Majestät in der Höhe". Das weist hin auf die überwältigende Herrlichkeit, Allmacht, Autorität, auf Segen und Gunst dieses Platzes und damit auf Ihn, der diesen Platz eingenommen hat. Es wird dem Menschen Jesus Christus, der Thron zugesprochen und Er wird als Gott angesprochen.

Gott, Christus Jesus, ist der „große König" über Seine ganze Schöpfung (vgl. Kol 1,15-20; 2,9-10; Phil 2,9-11), „über alle Götter[1]" (Ps 95,3), über das ganze Universum (Amos 4,13; 5,8; 9,5-6), „über die ganze Erde" (Ps 47,3), über Sein auserwähltes Volk Israel (Ps 2,6.8; Micha 5,1; Mt 2,6; Joh 19,19) und über die Nationen (Ps 22,29; 47,9).

Doch für die Ekklesia des lebendigen Gottes, für die Versammlung/Gemeinde Jesus Christi, war und ist der Herr Jesus nie der über uns herrschende König, wir sind vielgeliebte Kinder; wahre Gläubige, errettete Christen, sind nie Untergebene eines Königs, das finden wir nirgendwo in der Schrift. Als geliebte Kinder im Genuss der Vaterliebe Gottes wurden wir in die Stellung von Söhnen erhoben! Wir, im Geist der Sohnschaft, dürfen „Abba, Vater" sagen! (Rö 8,15.23; Gal 4,5.6; Eph 1,5; vgl. Mk 14,36). Für uns ist Christus Jesus unser Herr, dem Ehre und Anbetung gebührt, der Heiland, der gute Hirte, das Haupt Seines Leibes und der Bräutigam.

„Zur Rechten" weist in diesem Zusammenhang immer auf Gleichheit, d.h. Unterschiedslosigkeit hin und meint gleiche Rechte, gleiche Bedeutung, gleiche Wertigkeit und damit gleiche Würde. Es bestehen also keinerlei Unterschiede zwischen dem der sagte „setzte dich" und dem der sich setzte. Und doch machen wir tatsächlich die Unterscheidung zwischen „Gott ist Geist" (Joh 4,24), dem „unsichtbaren Gott" (Kol 1,15-16), der „ein unzugängliches Licht bewohnt" (1. Tim 6,16) und dem Menschen Jesus Christus, wohlwissend, dass Gott *einer* ist, *ein einziger Gott*. In dem Menschen Jesus hat Gott sich sichtbar gemacht (Phil 2,6-7).

„Zur Rechten" meint <u>nicht</u> die Ortsangabe „rechts". Würde mit „zur Rechten" eine Ortsangabe gemeint sein, hieße dass, dass links Gott sitzen würde und rechts von ihm, der Sohn, Jesus Christus, der Mensch-Gott – es wären dann 2 Götter im Himmel, was völlig falsch ist. Da Gott aber Geist, unsichtbar, ist, würde dort ein Stuhl augenscheinlich leer stehen.

---

[1] Hebräisch *'ĕlôhîym* = Gott, Götter, göttliche Wesen, Richter. „Elohim" kann sich je nach Kontext auch auf Götter anderer Nationen, göttliche Wesen oder sogar menschliche Richter beziehen.

Wenn es also heißt, dass der Herr Jesus zur Rechten des Vaters sitzt, bedeutet das, dass dieser Mensch Jesus Christus nun allein Gott ist und allein göttliche Machtvollkommenheit innehat. Er ist das Bild[2] des unsichtbaren Gottes.

Jesaja 9,5
Denn ein Kind ist uns geboren, ein Sohn uns gegeben, und die Herrschaft ruht auf seiner Schulter; und man nennt seinen Namen: Wunderbarer, Berater, starker Gott, Vater der Ewigkeit, Friedefürst. Die Mehrung der Herrschaft und der Friede werden kein Ende haben auf dem Thron Davids und über sein Königreich, um es zu befestigen und zu stützen durch Gericht und durch Gerechtigkeit, von nun an bis in Ewigkeit.

Lukas 1,31-33
... Sein Name Jesus. Dieser wird groß sein und Sohn des Höchsten genannt werden; und der Herr, Gott, wird ihm den Thron seines Vaters David geben; und er wird über das Haus Jakobs herrschen ewiglich, und seines Reiches wird kein Ende sein.

1. Korinther 15,25.27-28
Denn er muss herrschen ... „Denn alles hat er seinen Füßen unterworfen." Wenn er aber sagt, dass alles unterworfen sei, so ist es offenbar, dass der ausgenommen ist, der ihm alles unterworfen hat. Wenn ihm aber alles unterworfen sein wird, dann wird auch der Sohn selbst dem unterworfen sein, der ihm alles unterworfen hat, damit Gott alles in allem sei.

Offenbarung 4,2-11; 5,11-14
... siehe, ein Thron stand in dem Himmel, und auf dem Thron saß einer. ... Und rings um den Thron waren 24 Throne, und auf den Thronen saßen 24 Älteste, ... und auf ihren Häuptern goldene Kronen. ... Und inmitten des Thrones und um den Thron her vier lebendige Wesen, ... und sie hören Tag und Nacht nicht auf zu sagen: Heilig, heilig, heilig, Herr, Gott, Allmächtiger, der war und der ist und der kommt! Und wenn die lebendigen Wesen

[2] Das Wort „Bild" vermittelt den Gedanken der Verkörperung, der Sichtbarwerdung: »Christus ist die sichtbare Verkörperung und Offenbarung Gottes gegenüber geschaffenen Wesen. Das bei dieser Offenbarung entstehende Bild ist einzigartig und vollkommen (W.E.Vine).

Herrlichkeit und Ehre und Danksagung geben werden dem, der auf dem Thron sitzt, der lebt von Ewigkeit zu Ewigkeit, so werden die 24 Ältesten niederfallen vor dem, der auf dem Thron sitzt, und den anbeten, der lebt von Ewigkeit zu Ewigkeit, und werden ihre Kronen niederwerfen vor dem Thron und sagen: Du bist würdig, o unser Herr und unser Gott, zu nehmen die Herrlichkeit und die Ehre und die Macht; denn *du* hast alle Dinge erschaffen, und deines Willens wegen waren sie und sind sie erschaffen worden. ...
Und ich sah: Und ich hörte eine Stimme vieler Engel um den Thron her und um die lebendigen Wesen und die Ältesten; und ihre Zahl war Zehntausende mal Zehntausende und Tausende mal Tausende, die mit lauter Stimme sprachen: Würdig ist das Lamm, das geschlachtet worden ist, zu empfangen die Macht und Reichtum und Weisheit und Stärke und Ehre und Herrlichkeit und Segnung. Und jedes Geschöpf, das in dem Himmel und auf der Erde und unter der Erde und auf dem Meer ist, und alles, was in ihnen ist, hörte ich sagen: Dem, der auf dem Thron sitzt, und dem Lamm die Segnung und die Ehre und die Herrlichkeit und die Macht von Ewigkeit zu Ewigkeit! Und die vier lebendigen Wesen sprachen: Amen! Und die Ältesten fielen nieder und beteten an.

Der Gnadenstuhl

Das griechische Wort ἱλαστήριον (transkribiert: *hilastērion*) für Gnadenstuhl ist eine Wortprägung Martin Luthers in seiner Bibelübersetzung. Das Wort steht in Bezug auf ein Beschwichtigen bzw. als ein gegenständliches Mittel, um zu beschwichtigen, d.h. zur Begnadigung.

Wir finden es 2-mal im NT, in Hebräer 9 und in Römer 3.

Hilastērion meint den „Sühndeckel", die „Stätte der Versöhnung"; dieser Ort wird erstmals erwähnt und beschrieben in

2. Mose 25,10-22 (gekürzt)
Und der HERR redete zu Mose und sprach: ... Und mache einen Deckel von reinem Gold: ... Und mache zwei Cherubim aus Gold; ... Und die Cherubim sollen die Flügel nach oben ausbreiten, den Deckel mit ihren Flügeln überdeckend, und ihre Angesichter einander gegenüber; die Angesichter der Cherubim sollen gegen den Deckel gerichtet sein. Und lege den Deckel oben über die Lade; ... Und dort werde ich mit dir zusammenkommen und von dem Deckel herab, zwischen den zwei Cherubim hervor, die auf der Lade des Zeugnisses sind, alles zu dir reden, was ich dir an die Kinder Israel gebieten werde.

Deckel: hebräisch כפרת (transkribiert: *kappôreth*) od. Sühndeckel, eigentlich wohl: Versöhnungs-, Sühngerät, der Gnadensitz. Das hebräische Wort ist von einem Zeitwort abgeleitet, von *kâphar*, das ursprünglich „zudecken“, gewöhnlich aber „sühnen, vergeben, beschwichtigen, Versöhnung machen, Unreinheiten säubern“ bedeutet.

Die Halle des Tempels, „das Allerheiligste“, das König Salomo Gott baute, wird in 1. Chronika 28,11 „Haus des Sühndeckels“ genannt.

Der Ort, an dem der Mittler (Mose) göttliche Mitteilungen aus der Gegenwart Gottes empfangen sollte, war der gleiche Ort, an dem der Hohepriester (Aaron) mit dem Blut der Versöhnung Gott nahen sollte.

4. Mose 7,89
Und wenn Mose in das Zelt der Zusammenkunft hineinging, um mit ihm zu reden, so hörte er die Stimme zu ihm reden von dem Deckel herab, der auf der Lade des Zeugnisses war, zwischen den beiden Cherubim hervor; und er redete zu ihm.

3. Mose 16 (gekürzt)
Und ...der HERR sprach zu Mose: Rede zu deinem Bruder Aaron, dass er nicht zu aller Zeit in das Heiligtum hineingehe innerhalb des Vorhangs, vor den Deckel, der auf der Lade ist, damit er nicht sterbe; denn ich erscheine in der Wolke über dem Deckel. Auf diese Weise soll Aaron in das Heiligtum hineingehen: mit einem jungen Stier zum Sündopfer und einem Widder zum Brandopfer. ... Und von der Gemeinde der Kinder Israel soll er zwei Ziegenböcke nehmen zum Sündopfer und einen Widder zum Brandopfer.

... Und Aaron bringe den Stier des Sündopfers, der für ihn ist, herzu und tue Sühnung für sich und für sein Haus, und schlachte den Stier des Sündopfers, der für ihn ist. ... Und er nehme eine Pfanne voll Feuerkohlen von dem Altar, vor dem HERRN, und seine beiden Hände voll wohlriechenden, kleingestoßenen Räucherwerks, und bringe es innerhalb des Vorhangs. Und er lege das Räucherwerk auf das Feuer vor den HERRN, damit die Wolke des Räucherwerks den Deckel bedecke, der auf dem Zeugnis ist, und er nicht sterbe. Und er nehme von dem Blut des Stieres und sprenge mit seinem Finger auf die Vorderseite des Deckels nach Osten; und vor den Deckel soll er von dem Blut siebenmal sprengen mit seinem Finger. Und er schlachte den Bock des Sündopfers, der für das Volk ist, und bringe sein Blut innerhalb des Vorhangs und tue mit seinem Blut, so wie er mit dem Blut des Stieres getan hat, und sprenge es auf den Deckel und vor den Deckel; und er tue Sühnung für das Heiligtum wegen der Unreinigkeiten der Kinder Israel und wegen ihrer Übertretungen, nach allen ihren Sünden; und ebenso soll er für das Zelt der Zusammenkunft tun, das sich bei ihnen befindet, inmitten ihrer Unreinigkeiten. ... Und so tue er Sühnung für sich und für sein Haus und für die ganze Versammlung Israels.

Einmal im Jahr, am großen Sühnungstag (od. Versöhnungstag), wurde Blut auf und vor den Sühndeckel gesprengt. Dieses Blut brachte Aaron „für sich selbst und für die Verirrungen des Volkes" dar. Das ist ein Vorbild auf Christus, der in den Himmel eingegangen ist, als Er eine ewige Erlösung für uns erfunden hatte.

Hebräer 9,3-28 (gekürzt)
... ein Hütte, die das Allerheiligste genannt wird, ... die Lade des Bundes, überall mit Gold überdeckt, ... oben über derselben aber die Cherubim der Herrlichkeit, den Versöhnungsdeckel überschattend, ... in die zweite aber *einmal* des Jahres allein der Hohepriester, nicht ohne Blut, das er für sich selbst und für die Verirrungen des Volkes darbringt; ... Christus aber, gekommen als Hoherpriester der zukünftigen Güter, in Verbindung mit der größeren und vollkommeneren Hütte, die nicht mit Händen gemacht, auch nicht mit Blut von Böcken und Kälbern, sondern mit seinem

eigenen Blut, ist ein für allemal in das Heiligtum eingegangen, als er eine ewige Erlösung gefunden hatte. ... Und darum ist er Mittler eines neuen Bundes. ... Ohne Blutvergießung gibt es keine Vergebung. ... Denn der Christus ist nicht eingegangen in das mit Händen gemachte Heiligtum, ein Gegenbild des wahrhaftigen, sondern in den Himmel selbst, um jetzt vor dem Angesicht Gottes für uns zu erscheinen. ... Jetzt aber ist er *einmal* in der Vollendung der Zeitalter offenbart worden zur Abschaffung der Sünde durch sein Opfer. Und ebenso wie es den Menschen gesetzt ist, *einmal* zu sterben, danach aber das Gericht, so wird auch der Christus, nachdem er *einmal* geopfert worden ist, um vieler Sünden zu tragen, zum zweiten Mal denen, die ihn erwarten, ohne Sünde erscheinen zur Seligkeit.

„Der Vorhang des Tempels zerriss" (Mt 27,51; Mk 5,38; Lk 23,45), der Weg in das Allerheiligste, d.h. in die unmittelbare Gegenwart Gottes, ist freigemacht und der Mensch Christus Jesus ist eingegangen ins Heiligtum, „von Gott begrüßt als Hoherpriester" (Heb 5,10).

So ist Christus Jesus, der Herr, der *eine* Mittler zwischen Gott und Menschen, der sich selbst gab zum Lösegeld für alle Denn unser Heiland-Gott, will, dass alle Menschen errettet werden und zur Erkenntnis der Wahrheit kommen (1. Tim 2,3-4, 5-6), weil wir alle unter der Sünde waren, getrennt von Gott, Verlorene:

Römer 3,22-26
Denn es ist kein Unterschied, denn alle haben gesündigt und erreichen nicht die Herrlichkeit Gottes und werden umsonst gerechtfertigt durch seine Gnade, durch die Erlösung, die in Christus Jesus ist; den Gott dargestellt hat zu einem Gnadenstuhl (od. zu einem od. als ein Sühnungsmittel) durch den Glauben an sein Blut, zur Erweisung seiner Gerechtigkeit wegen des Hingehenlassens der vorher geschehenen Sünden unter der Nachsicht Gottes; zur Erweisung seiner Gerechtigkeit in der jetzigen Zeit, dass er gerecht sei und den rechtfertige, der des Glaubens an Jesus ist.

Jeder bußfertige Sünder darf mit Freimütigkeit im Glauben zu diesem Sühnungsmittel kommen und wird gerecht gesprochen, weil Christus

Jesus auch seine Schuld und Sünden in das Gericht getragen hat und gestorben und auferstanden ist.

Der „Gnadenstuhl / Sühndeckel / Versöhnungsdeckel", das Sühnungsmittel des AT weist vorausschauend hin auf das Werk Christi. Er ist durch Tod des Herrn Jesus am Kreuz auf Golgatha und Seiner Auferstehung und Himmelfahrt heute zu dem „Thron der Gnade" geworden, zu dem jedermann kommen kann.
Der „Thron der Gnade" weist rückblickend hin auf das vollbrachte Sühnungswerk.
In ihrer Bestimmung sind also beide Begriffe gleich.
Damit verbunden gibt es noch eine Unterscheidung zwischen den beiden Begriffen: sie zeigen den Wechsel in den Haushaltungen Gottes, von der 5. Haushaltung, die des Gesetzes, in die 6. Haushaltung, das ist die der Gnade und Wahrheit.

Thron der Gnade

Ein Thron der Gnade war schon im AT bekannt als ein zukünftiger Ort der Hoffnung:

> Jesaja 16,5
> Und ein Thron (*kissê'*) wird durch Güte[3] aufgerichtet werden; und auf ihm wird im Zelt Davids einer sitzen in Wahrheit, der richtet und nach Recht trachtet und der Gerechtigkeit kundig ist.

Diese Hoffnung richtet sich in die Zukunft, denn Israel (auch Ephraim od. Samaria genannt), das 10-Stämme Reich, wird durch den Assyrer in mehreren Etappen in Gefangenschaft genommen und weggeführt; später dann auch Juda (und Benjamin), das 2-Stämme Reich von den Chaldäern / Babyloniern.
Der Prophet sieht auf übernatürliche Weise in die Haushaltung der Herrschaft Jesu Christi über die Erde. Er schaut die Zeit des 1000-jährigen

[3] *chêsêd* = liebevolle Hingabe, unerschütterliche Treue, Barmherzigkeit; drückt Gottes ewige Zuwendung aus.

Reiches und beschreibt die Regierung des Messias, des Herrn Jesus Christus, über ganz Israel und die Welt. Diese Epoche wird auch „die Verwaltung der Fülle der Zeiten" genannt (Eph 1,10; Off 20,1-6). Das 1000-jährige Reich wird die Erfüllung aller Verheißungen Gottes für Israel. (Im AT wusste man nichts von einem 1000-jährigen Reich, man wusste und sprach von der Ewigkeit).

Vor dem „Gnadenstuhl" durfte *damals* – mit Furcht und Zittern – nur

> Hebräer 9,7; 3. Mose 16,2
> *einmal* des Jahres allein der Hohepriester, nicht ohne Blut kommen … damit er nicht sterbe.

Doch vor den „Thron der Gnade" darf *heute jederzeit jeder* Mensch treten, der vor Gott seine Sünden bekennt und um Vergebung bittet. Der bußfertige Sünder erlebt die sündenvergebende Gnade Gottes, betreffs der vergangenen, der gegenwärtigen und der zukünftigen Sünden.
Und ein Kind Gottes darf hier alle sei seine Nöte, Sorgen, Fürbitten und Bitten mit Danksagung und all seine Freuden und Dankbarkeit vor dem „Thron der Gnade", d.h. dem Herrn Jesus persönlich erzählen.

Leider ist ein Kind Gottes nicht frei davon zu sündigen[4], wir sind noch im „Fleisch der Sünde" (Rö 8,3). Und auch für solch einen traurigen Fall hat die überschwängliche Gnade Gottes ein ganz sicheres Wort, denn es ist ein geistlich widernatürlicher Zustand, wenn die Gemeinschaft zwischen Gott und einem Seiner Erlösten getrübt oder gar verhindert ist:

> 1. Johannes 1,7.9; 2,1-2
> Das Blut Jesu Christi, seines Sohnes, reinigt uns von aller Sünde. … Wenn wir unsere Sünden bekennen, so ist er treu und gerecht, dass er uns die Sünden vergibt und uns reinigt von aller Ungerechtigkeit.
> Wenn jemand gesündigt hat – wir haben einen Sachwalter bei dem Vater, Jesus Christus, den Gerechten. Und *er* ist die Sühnung für unsere Sünden, nicht allein aber für die unseren, sondern auch für die ganze Welt.

---

[4] Es ist sehr falsch (!) zu sagen: „Wir sind immer noch Sünder". Ein Kind Gottes kann kein Sünder mehr sein, das schließt sich völlig aus! Leider kann es aber noch sündigen.

Darum

Hebräer 4,14-16; 10,19-22
lasst uns nun mit Freimütigkeit hinzutreten zu dem Thron der Gnade, damit wir Barmherzigkeit empfangen und Gnade finden zur rechtzeitigen Hilfe.
Da wir nun Freimütigkeit haben zum Eintritt in das Heiligtum durch das Blut Jesu, auf dem neuen und lebendigen Weg, den er uns eingeweiht hat durch den Vorhang hin, das ist sein Fleisch, und einen großen Priester über das Haus Gottes, so lasst uns hinzutreten mit wahrhaftigem Herzen, in voller Gewissheit des Glaubens.

Oh Wunder der Gnade, Gott, dein Kind darf ich sein.
Wunder der Gnade, du Vater bist mein,
Weil Jesus, mein Heiland, für mich litt für mich starb,
meine Sünden am Kreuz gerichtet ward.
Heil, Segen und Frieden hast Du mir geschenkt,
Herz und Sinn in den Himmel gelenkt.

Umhüllt von Gnade,
umarmt von der Liebe Gottes;
ruhen im Schoß des Vaters und
der Friede des Christus regiert in meinem Herz.
Der Heilige Geist leitet in Pfaden der Gerechtigkeit
um Seines Namens Willen.

Der Richterstuhl Gottes

Das griechische Wort für Richterstuhl ist βῆμα (transkribiert: *bēma*); „*bēma*" wird im NT 12-mal verwendet, 10-mal wird es mit „Richterstuhl" übersetzt, 1-mal mit „Thron" (od. Rednerstuhl) und 1-mal mit „Fußbreit" (wörtl. Schritt eines Fußes od. seinen Fuß daraufsetzen).

Im Neuen Testament wird solch ein *bēma* bildhaft verwendet, um den Richterstuhl Gottes bzw. den des Christus zu beschreiben.

Das griechische Wort für Gott ist θεός (transkribiert: *theos*) und meint die höchste Gottheit, den dreieinen Gott, der, ohne Unterscheidung von Vater, Sohn und Heiliger Geist, *ein Gott* ist.

Römer 14,10
Du aber, was richtest du deinen Bruder? Oder auch du, was verachtest du deinen Bruder? Denn wir werden alle vor den Richterstuhl Gottes gestellt werden.

In Römer 14 geht es allein darum, wie Gläubige („Brüder") miteinander umgehen (vgl. Jak 2,4; 4,11.12) Paulus geht scharf gegen das „Richten" und das „Verachten" von Brüdern vor, gegen das Verhalten des Einzelnen, Bruder gegen Bruder.
Hier werden auch die Gesinnungen und Streitigkeiten der Glaubensgeschwister auf den Prüfstand gestellt und wie sich die in der Praxis auswirken (Bsp. 1. Kor 6,1-11; Phil 4,2-3). Es sind Brüder/Schwestern in Christus Jesus ihrem Herrn, die Streit haben, sich gegenseitig richten und verachten. Doch Gott liebt sie, jeden gleich, und schenkt unverdiente Gnade und Barmherzigkeit. *Er* richtet und verachtet die Seinen nicht, auch „wenn wir untreu sind – *er* bleibt treu, denn er kann sich selbst nicht verleugnen" (2. Tim 2,13). Christus selbst hat „unsere Sünden an seinem Leib auf dem Holz getragen hat, damit wir, den Sünden abgestorben, der Gerechtigkeit leben, durch dessen Striemen ihr heil geworden seid" (1. Pet 2,24).

Der dreieine Gott, die eine Gottheit, prüft und beurteilt – hier geht es <u>nicht</u> um Bestrafung! Es geht darum, das Bewusstsein des Einzelnen zu wecken, dass Gott allgegenwärtig ist – *Er* sieht, *Er* hört, *Er* kennt die Gesinnung der Herzen, *Er* weiß! Der Gläubige soll sich seiner Stellung gemäß gottwohlgefällig verhalten und „würdig des Herrn wandeln" (Kol 1,10, 1.Thess 2,12; Eph 4,1; Phil 1,27).

Und der Herr hat uns ein Gebot hinterlassen: Wir sollen einander lieben!

Johannes 15,12
Dies ist mein Gebot, dass ihr einander liebt, wie ich euch geliebt habe.

Epheser 5,1-2
Seid nun Nachahmer Gottes, als geliebte Kinder, und wandelt in Liebe, wie auch der Christus uns geliebt hat. und sich selbst für

uns hingegeben hat als Darbringung und Schlachtopfer, Gott zu einem duftenden Wohlgeruch.

1. Johannes 4,7.11
Geliebte, lasst uns einander lieben, denn die Liebe ist aus Gott; und jeder, der liebt, ist aus Gott geboren und erkennt Gott. Geliebte, wenn Gott uns so geliebt hat, so sind auch wir schuldig, einander zu lieben.

„*Bēma*“ bezeichnet eine erhöhte Plattform oder einen Sitz zu dem Stufen hinaufführten, der in der Antike von berechtigten Persönlichkeiten genutzt wurde, um Reden zu halten, Urteile zu fällen oder offizielle Angelegenheiten zu erledigen. Es war ein Ort der Autorität und Rechtsprechung, oft auf öffentlichen Plätzen.
Hier ging jemand hinauf, um ein Urteil entgegenzunehmen, sei es eine Belohnung oder eine Strafe.
„*Bēma*“ leitet sich von „*basis*“ ab, das bedeutet „Fuß (Sohle vom Fuß), Fundament, Stufe gehen, seinen Fuß daraufsetzen“. Das Stammwort ist „*bainō*“, was „schreiten“, „gehen“, „steigen“, „aufsteigen“ bedeutet.

Ein direktes hebräisches Äquivalent für „*béma*“ gibt nicht, doch das Konzept solch eines „Richterstuhls“, findet sich wohl in dem Hebräischen „*mishpâṭ*“, was „Urteil, Gerechtigkeit, Verordnung“ bedeutet. „*Mishpâṭ*“ bezeichnet den Akt des Urteils oder der Rechtspflege und den Gerichtssitz. Es wird oft verwendet, um göttliches Recht, Seine gerechten Urteile, die Rechtsentscheidungen der Richter und die Gesetze und Verordnungen Israels zu beschreiben. Es steht für Gottes Maßstab der Gerechtigkeit und Recht und seine Erwartungen an menschliches Verhalten.

Der Richterstuhl des Christus

Das griechische Wort für Christus ist Χριστός (transkribiert: *Christos*) kommt im NT über 530-mal vor. Es ist der Titel des Sohnes Gottes, des Menschen Jesus, der dann auch als Name gebraucht wurde.

„*Christos*“ leitet sich von dem Wort „*chriō*“ ab, was eigentlich „mit der Hand berühren“ oder „salben“ bedeutet. Es meint einen direkten Kontakt, nämlich jemanden mit Öl (i.d.R. Olivenöl) bestreichen oder einreiben und weiht damit denjenigen für ein Amt.

Christus heißt übersetzt „Gesalbter“; Der Herr Jesus ist der Gesalbte Gottes. Er wurde nicht von einem beauftragten Gesandten, z.B. einem Propheten gesalbt, das tat Gott, der Vater, selbst (Mt 3,16-17; Mk 1,9-11; Lk 3,21-22; Joh 1,29-34). Er salbte Seinen Sohn nicht mit dem traditionellen Öl, Jesus wurde in Seiner Taufe mit dem Heiligen Geist gesalbt.

> Apostelgeschichte 2,36; 10,38
> Das ganze Haus Israel wisse nun zuverlässig, dass Gott ihn sowohl zum Herrn als auch zum Christus gemacht hat, diesen Jesus, den ihr gekreuzigt habt. ...
> Jesus, den von Nazareth, wie Gott ihn mit Heiligem Geist und mit Kraft gesalbt hat, der umherging, wohltuend und heilend alle, die von dem Teufel überwältigt waren; denn Gott war mit ihm.

Das griechische Wort für „Herr“ ist κύριος (transkribiert: *kurios*) was dem hebräischen *'ădônây* entspricht. „*Kurios*“ ist abgeleitet vom griechischen Wort „*kuros*“, was „Vorherrschaft“ oder „Autorität“ bedeutet. „*Kurios*“ und „*adonai*“ beziehen sich auf eine Person, die absolute Eigentumsrechte ausübt, der Autorität, Macht und Kontrolle besitzt. Der Titel „Herr“ bezieht sich im AT auf Gott und im NT auf den Herrn Jesus Christus (manchmal auch auf menschliche Meister). Gegenüber dem Christus ist diese Anrede nicht nur ein Ausdruck von Respekt und Ehrerbietung, sondern auch auf Seine eingesetzte Herrschaft bezogen (s.a. Phil 2,11). In diesem Kontext unterstreicht es Seine göttliche Natur als Sohn Gottes.

Das griechische Wort für „Messias“ ist Μεσσίας (transkribiert: *Messias*). Es ist hebräischen Ursprungs, nämlich משיח (transkribiert: *mâshîyach*), d.h. „der Gesalbte“. „*Mâshîyach*“ wird im AT mit „Gesalbter“ 32-mal, mit „salben“ 5-mal und mit Messias 2-mal übersetzt.

In Johannes 1 und 4 werden die Titel „Christus“ und „Messias“ direkt mit der Person des Herrn Jesus verbunden:

Johannes 1,41-42; 4,25-26

Dieser findet zuerst seinen eigenen Bruder Simon und spricht zu ihm: Wir haben den Messias gefunden (was übersetzt ist: Christus). Und er führte ihn zu Jesus.

Die Frau spricht zu ihm: Ich weiß, dass der Messias kommt, der Christus genannt wird; wenn jener kommt, wird er uns alles verkündigen. Jesus spricht zu ihr: Ich bin es, der mit dir redet.

Diese Erwartung war im A.T. prophezeit worden und unter diesem Titel („der Gesalbte") war Er die Hoffnung Israels (Ps 45,7-8; Heb 1,8-9).

Die Bibel nennt uns im AT drei heilige Ämter, deren Persönlichkeiten durch Salbung mit dem heiligen Öl eingesetzt und bestätigt wurden: Könige, Priester und Propheten:

⇒ Der Herr Jesus ist der „König der Juden", und Sein Name ist „Herr der Herren und König der Könige", der Weltenherrscher (Mt 2,2; 27,11.37; Off 19,16). Schon zu Beginn der Geschichte des Volkes Israel wurde deutlich, dass die königliche Linie des Volkes bei Juda sein wird (1. Mo 49,8-12; s.a. Off 5,5).

⇒ Der Herr Jesus war und konnte zunächst nicht Priester sein, da er aus dem Stamm Juda und nicht aus dem Stamm Levi war (Heb 7,14; 8,4). Auf Grundlage Seines Versöhnungswerkes auf dem Kreuz „opferte er sich selbst für Gott" (Heb 9,14) und war dort Gabe, Priester und Opfer in einer Person; Er ist nun der „große Hohepriester" für die gottgläubigen Christen (Heb 4,14-16).

⇒ Der Herr Jesus war *der* Prophet Gottes, dessen Kommen in 5. Mose 18,15.18 (Apg 3,22; 7,37) vorhergesagt war und in diesem Seinem Dienst sehen wir Ihn, im Markus-Evangelium besonders. Als er auf der Erde war, sagte er, dass die Werke die er tat und die Worte die er sprach nicht von ihm selbst waren, sondern von dem zeugen, was er von seinem Vater gesehen und gehört hatte.
Ein Prophet steht im Dienst Gottes und ist weniger ein Vorhersager, eher ein Weitersager.

Dieser höchst erhobene vollkommene heilige Mensch mit all Seinen heiligen Würden, Gott, der Herr, der Christus, sitzt also auf dem Richterstuhl, denn das ganze Gericht hat der Vater dem Sohn gegeben. Alle

Menschen, jeder einzelne persönlich (also nicht kollektiv), ob Gläubige oder Gottlose, werden vor dem Richterstuhl erscheinen müssen – doch zu unterschiedlichen Zeiten und mit unterschiedlichem Ausgang, denn dieser Richterstuhl hat einen zweifachen Charakter:

> Johannes 5,22-29
> Denn der Vater richtet auch niemand, sondern das ganze Gericht hat er dem Sohn gegeben, damit alle den Sohn ehren, wie sie den Vater ehren. Wer den Sohn nicht ehrt, ehrt den Vater nicht, der ihn gesandt hat. Wahrlich, wahrlich, ich sage euch: Wer mein Wort hört und glaubt dem, der mich gesandt hat, hat ewiges Leben und kommt nicht ins Gericht, sondern er ist aus dem Tod in das Leben übergegangen. Wahrlich, wahrlich, ich sage euch, dass die Stunde kommt und jetzt ist, da die Toten die Stimme des Sohnes Gottes hören werden, und die sie gehört haben, werden leben. Denn wie der Vater Leben in sich selbst hat, so hat er auch dem Sohn gegeben, Leben zu haben in sich selbst; und er hat ihm Gewalt gegeben, [auch] Gericht zu halten, weil er des Menschen Sohn ist. Wundert euch darüber nicht, denn es kommt die Stunde, in der alle, die in den Gräbern sind, seine Stimme hören und hervorkommen werden: die das Gute getan haben, zur Auferstehung des Lebens, die aber das Böse verübt haben, zur Auferstehung des Gerichts.

Gläubige erscheinen vor dem „Richterstuhl des Christus" nach ihrer Entrückung in die Herrlichkeit des Vaterhauses, wo sie bei Christus sein werden. Für sie ist der Richterstuhl *kein* Gerichtsstuhl, sondern ein Preisrichterstuhl, wo es Lohn gibt. Es mutet an wie eine Siegerehrung nach langem schweren Wettkampf, der eine bekommt die Goldmedaille, ein anderer eine Teilnehmerurkunde, gewürdigt werden sie alle. Das Offenbarwerden der Taten, der Worte, der Gedanken des Herzens, die Gesinnung, das Verborgene des Gläubigen wird ans Licht gebracht (Mt 5,12; 1. Kor 3,8.14; 4,5).

Der Gläubige ist ein für alle Mal freigemacht von Sünde und Schuld! All das hat der Herr Jesus am Kreuz in das heilige und gerechte Gericht Gottes getragen – *Er* wurde gerichtet an unserer Statt, *Er* wurde verurteilt und nicht wir, *Er* gab Sein Leben in den Tod damit wir Leben haben, Leben im Überfluss, das ist ewiges Leben.

Wenn unser irdisches Leben an diesem himmlischen Belohnungsort an uns vorüberzieht, dann erst erkennen wir vollkommen die Liebe, Gnade und Barmherzigkeit unseres Heiland-Gottes, wie Er uns bewahrte, führte und leitete. Das alles mündet in einen ewig währenden Dank-Lobpreis und die hochheilige Anbetung unseres Gottes.

Dieses Wissen, hier, heute und jetzt, soll den Glaubenden anspornen ein gottwohlgefälliges Leben zu leben, als Sein Zeugnis in der Welt, zur Ehre Gottes und zur Verherrlichung Seines wunderbaren Namens. Wir sollen unserer Stellung vor Gott gerecht werden, geprägt von Wahrheit und Liebe. Wir müssen authentisch sein, unsere Werke und Worte müssen miteinander harmonieren. – Die Liebe Gottes treibt uns,

> Römer 5,5
> denn sie ist ausgegossen in unsere Herzen durch den Heiligen Geist, der uns gegeben worden ist.

Es ist gut und nützlich für jedes Gotteskind und es ehrt unseren guten Gott, wenn wir geprägt sind von

> Offenbarung 1,5-6
> Dem, der uns liebt und uns von unseren Sünden gewaschen hat in seinem Blut und uns gemacht hat zu einem Königtum, zu Priestern seinem Gott und Vater: ihm sei die Herrlichkeit und die Macht von Ewigkeit zu Ewigkeit! Amen.

Diese Dinge werden vor dem Richterstuhl Christi offenbar und dort gibt es Lohn und Lob von Ihm – die einen weniger, die anderen mehr – doch immer ist es vollkommen und gerecht.

> 2. Korinther 5,9-21
> Deshalb beeifern wir uns auch, ... ihm wohlgefällig zu sein. Denn wir müssen alle vor dem Richterstuhl des Christus offenbar werden, damit jeder empfange, was er in dem Leib getan, nach dem er gehandelt hat, es sei Gutes oder Böses. Da wir nun den Schrecken des Herrn kennen, so überreden wir die Menschen, Gott aber sind wir offenbar geworden; ich hoffe aber auch in euren Gewissen offenbar geworden zu sein. ... Denn die Liebe des Christus drängt uns, indem wir so geurteilt haben, dass einer für alle gestorben ist und somit alle gestorben sind. Und er ist für alle gestor-

ben, damit die, die leben, nicht mehr sich selbst leben, sondern dem, der für sie gestorben ist und ist auferweckt worden. ... Daher, wenn jemand in Christus ist, da ist eine neue Schöpfung; das Alte ist vergangen, siehe, alles ist neu geworden. Alles aber von dem Gott, der uns mit sich selbst versöhnt hat durch [Jesus] Christus und hat uns den Dienst der Versöhnung gegeben: Nämlich, dass Gott in Christus war, die Welt mit sich selbst versöhnend, ihnen ihre Übertretungen nicht zurechnend, und hat in uns das Wort der Versöhnung niedergelegt. So sind wir nun Gesandte für Christus, als ob Gott durch uns ermahnte; wir bitten an Christi statt: Lasst euch versöhnen mit Gott! Den, der Sünde nicht kannte, hat er für uns zur Sünde gemacht, damit wir Gottes Gerechtigkeit würden in ihm.

Diese Worte des Apostels mit Hinweis auf den Richterstuhl des Christus richten sich aber auch an Ungläubige, wie der Kontext dieses Kapitels deutlich macht. Weil Christus für alle gestorben ist und wir den Schrecken des Herrn kennen, überreden wir die Menschen sich mit Gott versöhnen zu lassen.

Für die Ungläubigen seit 1. Mose 3 bedeutet der Richterstuhl des Christus nur Gericht.

Wenn der Herr Jesus wiederkommt, um sein Friedensreich in Gerechtigkeit auf der Erde aufzurichten, findet zuerst das Gericht der lebendigen Ungläubigen statt. Dazu wird der Herr auf der Erde auf dem Thron seiner Herrlichkeit sitzen und die dann Lebenden richten in göttlicher Gerechtigkeit, ohne Ansehen der Person, mit ewiger Konsequenz.

Matthäus 25,31-33, 41-46
Wenn aber der Sohn des Menschen kommen wird in seiner Herrlichkeit und alle Engel mit ihm, dann wird er auf seinem Thron der Herrlichkeit sitzen; und vor ihm werden versammelt werden alle Nationen, und er wird sie voneinander scheiden, wie der Hirte die Schafe von den Böcken scheidet. Und er wird die Schafe zu seiner Rechten stellen, die Böcke aber zur Linken. ... Dann wird er auch zu denen zur Linken sagen: Geht von mir, Verfluchte, in das ewige Feuer, das bereitet ist dem Teufel und seinen Engeln; denn mich

hungerte, und ihr gabt mir nicht zu essen; mich dürstete, und ihr tränktet mich nicht; ich war Fremder, und ihr nahmt mich nicht auf; nackt, und ihr bekleidetet mich nicht; krank und im Gefängnis, und ihr besuchtet mich nicht. Dann werden auch *sie* antworten und sagen: Herr, wann sahen wir dich hungrig oder durstig, oder als Fremder, oder nackt oder krank oder im Gefängnis und haben dir nicht gedient? Dann wird er ihnen antworten und sagen: Wahrlich, ich sage euch, insofern ihr es einem dieser Geringsten nicht getan habt, habt ihr es auch mir nicht getan. Und diese werden hingehen in die ewige Pein, die Gerechten aber in das ewige Leben.

Die Lebenden Ungläubigen werden gerichtet und zum Tod verurteilt. Ihr Aufenthaltsort ist der Hades[5].
Dort im „ewigen Feuer" sind schon zwei andere Personen, denen der Widersacher Gottes (Satan) Macht gegeben hatte: das „Tier", das ist der Anti-Christus und der „falsche Prophet", das ist der Anti-Heilige-Geist (Off19,20).

Es gilt generell: Gottlose Menschen werden nicht gerichtet, weil sie gesündigt haben, nein, sie werden gerichtet, weil sie unbußfertige Sünder sind; und weil sie Sünder sind sündigen sie; sie lehnen Gottes Gnadenangebot ab, der Sühnungstod des Sohnes Gottes interessiert sie nicht und sie machen Gott zum Lügner.

Die Unterscheidung zwischen dem Richterstuhl Gottes und dem Richterstuhl des Christus ist: Vor dem Richterstuhl Gottes geht es um das Innenverhältnis der Gläubigen; Vor dem Richterstuhl des Christus geht es um das Verhalten der Gläubigen in der Welt, und dazu gehört, dass ein Christ den Ungläubigen warnen muss vor dem kommenden Zorn Gottes in dem Strafgericht.

---

[5] „*Hadēs*" (griech.) = „unsichtbare Welt", „Reich der Toten". „Hölle" (griech. „*geenna*" = Ort der ewigen Strafe, auch Feuersee genannt.

Der Gnadentag neigt sich zu Ende.
Komm, nütze noch die letzte Frist!
In Buße und im Glauben wende
dich zu dem Retter Jesus Christ.

Noch lässt dich Gottes Liebe bitten:
bring deine Sünden zu dem Kreuz
und glaub an den, der dort gelitten;
denn keiner, der es tut, bereut's.

Lass alle deine Argumente!
An Jesus kommst du nicht vorbei,
und wenn's auch einmal erst am Ende,
am Tag des Weltgerichtes sei.

Soll dann Sein Urteil dich verdammen,
dich übergeben ew'ger Pein?
O nein! Du sollst nicht in den Flammen
des Feuersees verloren sein!

Doch bist in Christus du geborgen,
ist Jesus deines Lebens Licht,
so bricht dir an ein schöner Morgen,
dann kommst du nicht in das Gericht!

Der Gnadentag neigt sich zu Ende.
Komm, nütze noch die letzte Frist!
In Buße und im Glauben wende
dich zu dem Retter Jesus Christ.

Paul Waltersbacher

Es stellt sich jetzt sicher die Frage, wer dann in das 1000-jährige Reich eingehen wird: Es sind zwei Gruppen von Menschen, die eine sind aus den Juden, die andere sind aus den Nationen.

Römerbrief 9,24
... uns, die er auch berufen hat, nicht allein aus den Juden, sondern auch aus den Nationen.

Römerbrief 11,5.26-27
So ist nun auch in der jetzigen Zeit ein Überrest nach Wahl der Gnade. ... und so wird ganz Israel errettet werden, wie geschrieben steht: „Es wird aus Zion der Erretter kommen, er wird die Gottlosigkeiten von Jakob abwenden; und dies ist für sie der Bund von mir, wenn ich ihre Sünden wegnehmen werde".

Maleachi 3,16-20
Da unterredeten sich miteinander die den HERRN fürchten[6], und der HERR merkte auf und hörte; und ein Gedenkbuch wurde vor ihm geschrieben für die, die den HERRN fürchten und die seinen Namen achten. Und sie werden mir, spricht der HERR der Heerscharen, zum Eigentum[7] sein an dem Tag, den ich machen werde; und ich werde ihrer schonen, wie ein Mann seinen Sohn verschont, der ihm dient. Und ihr werdet wiederum den Unterschied sehen zwischen dem Gerechten und dem Gottlosen, zwischen dem, der Gott dient, und dem, der ihm nicht dient. Denn siehe, der Tag kommt, brennend wie ein Ofen; und es werden alle Übermütigen und jeder Täter der Gottlosigkeit zu Stoppeln werden; und der kommende Tag wird sie verbrennen, spricht der HERR der Heerscharen, so dass er ihnen weder Wurzel noch Zweig lassen wird. Aber euch, die ihr meinen Namen fürchtet, wird die Sonne der Gerechtigkeit aufgehen mit Heilung in ihren Flügeln. Und ihr werdet ausziehen und hüpfen gleich Mastkälbern.

Diesen treuen Überrest aus den Juden nennt Gott „mein Israel" und diese gehen ein in das 1000-jährige Reich (Mt 2,6; Heb 8,10).

---

[6] Diese Treuen entsprechen dem „ganz Israel" und sind der „Überrest".

[7] *Segûllâh*, = besonderer Besitz, besonderer Schatz, Sondereigentum, Reichtum, streng verschlossen; „Gottes Juwelen".

Aus den Nationen wird es viele unschuldige Menschen geben, wie z.B. Säuglinge, Kleinkinder, Menschen aus den Naturvölkern, die noch nie mit dem Wort Gottes in Berührung kamen. Denken wir an all diejenigen, die die Tragweite des Evangeliums und das Werk des Herrn Jesus auf Golgatha wegen Schwachheiten[8] nicht verstehen und begreifen können. Denken wir an die Barmherzigkeit Gottes der zu dem Propheten sagte:

Jona 4,11
Sollte *ich* mich Ninives, der großen Stadt, nicht erbarmen, in der mehr als 120000 Menschen sind, die nicht zu unterscheiden wissen zwischen ihrer Rechten und ihrer Linken, und eine Menge Vieh?

All diese Menschen, aus den Juden und aus den Nationen werden eingehen in das 1000-jährige Reich. Doch sie sind immer noch „im Fleisch der Sünde", sind Sünder und werden leider auch im Lauf ihres Lebens sündigen, ja, einige werden gegen die Herrlichkeit und Regentschaft Jesus Christi rebellieren – und gleichentags gerichtet werden:

Psalm 101,3-8
Ich will kein Belialsstück[9] vor meine Augen stellen. Das Tun der Abtrünnigen hasse ich, es soll mir nicht ankleben.
Ein verkehrtes Herz soll von mir weichen, den Bösen will ich nicht kennen.
Wer seinen Nächsten heimlich verleumdet, den will ich vertilgen; wer stolzer Augen und hochmütigen Herzens ist, den will ich nicht dulden.
Meine Augen werden gerichtet sein auf die Treuen im Land, damit sie bei mir wohnen; wer auf vollkommenem Weg wandelt, der soll mir dienen.
Nicht soll wohnen im Innern meines Hauses, wer Trug übt; wer Lügen redet, soll nicht bestehen vor meinen Augen.

---

[8] Griech. *asthéneia* = Krankheit, Gebrechlichkeit, geistige Schwäche.

[9] *b^{e}lîya'al* = wertlos, gesetzlos, ruchlos; Wortwurzel aus „nichts, Mangel, Zerstörung, Verderben" und „wertvoll sein, Gutes tun, Gewinn, Nutzen".

Jeden Morgen will ich vertilgen alle Gottlosen des Landes, um aus der Stadt des HERRN auszurotten alle, die Frevel tun.

DER THRON, DER ZUKÜNFTIGEN TEMPEL

Hesekiel 43,1-10
Und er (Gott) führte mich zum Tor, dem Tor, das nach Osten (d.h. nach dem Ölberg hin) sah. Und siehe, die Herrlichkeit des Gottes Israels kam von Osten her; und ihr Rauschen war wie das Rauschen großer Wasser, und die Erde leuchtete von seiner Herrlichkeit. ... Und ich fiel nieder auf mein Angesicht. Und die Herrlichkeit des HERRN kam in das Haus, den Weg des Tores, das nach Osten gerichtet war. Und der Geist hob mich empor und brachte mich in den inneren Vorhof; und siehe, die Herrlichkeit des HERRN erfüllte das Haus. Und ich hörte einen, der aus dem Haus zu mir redete; und ein Mann (Theophanie Gottes) stand neben mir.
Und er sprach zu mir: Menschensohn, dies ist der Ort meines Thrones und der Ort meiner Fußsohlen, wo ich inmitten der Kinder Israel wohnen werde ewiglich. ... ich werde in ihrer Mitte wohnen ewiglich. Du, Menschensohn, berichte dem Haus Israel über dieses Haus.

Der Herr selbst schenkt Seinem Propheten, der mit dem Volk der Juden in babylonischer Gefangenschaft ist, einen Blick in das Zukünftige. Der Tempel in Jerusalem wird im 1000-jährigen Reich wieder aufgebaut worden sein. Wie damals mit der Fertigstellung der Stiftshütte in der Wüste (2. Mo 40,34-35) und wie bei der Einweihung des Tempels in Jerusalem durch den König Salomo (2. Chr 7,1-3), so sieht Hesekiel, dass die Herrlichkeit Gottes auch in den zukünftigen Tempel in Jerusalem einziehen wird.

Gottes Ziel all Seiner Heilsratschlüsse ist, dass Seine Herrlichkeit, ausgehend von Jerusalem, die ganze Erde erfüllt.

<u>Der Thronsaal Gottes im Himmel</u>

Im Thronsaal Gottes im Himmel werden Unterredungen geführt und Entscheidungen getroffen. Satan und der Lügengeist haben dort Zutritt. Es handelt sich <u>*nicht*</u> um „das Haus des Vaters“(Joh 14,2).

Im Himmel geführte Gespräche finden wir in:

> Hiob 1,6-12; 2,1-6; 1. Könige 22,19-22; Jesaja 6,1-8; Sacharja 3,1-7; 2. Korinther 12,2-4; Jud 9; Offenbarung.

Das hebräische Wort היכל .(transkribiert: *hêykâl*) wird im AT 14-mal mit Palast übersetzt, 65-mal mit Tempel und 1-mal mit Lustschlösser.

„*Hêykâl*“ bezeichnet ein großes öffentliches Gebäude, einen Tempel, Palast oder ein Heiligtum. Im AT wird er als der „himmlische Tempel in dem Gott thront“ und der „Palast Gottes, der als König betrachtet wird“ erkannt. Die Wortwurzel von „*hêykâl*“ ist das Verb *yāḵōl*, was die grenzenlose Macht Gottes unterstreicht., es bedeutet „geräumig sein“, „breit machen“, „in der Lage sein, Macht haben, sich durchsetzen“.

> Psalm 11,4
> Der HERR ist in seinem heiligen Palast. Der HERR – in den Himmeln ist sein Thron (*kissê'*); seine Augen schauen, seine Augenlider prüfen die Menschenkinder.

Das griechische Äquivalent für das Innere des Tempel ist ναός (transkribiert: *naos*)[10]. *Naos* hat 45 Vorkommnisse.

> Offenbarung 4,1; 7,14-17]
> Und siehe, eine Tür war aufgetan in dem Himmel, und die erste Stimme, die ich gehört hatte sprach: Komm hier herauf, und ich werde dir zeigen, was nach diesem geschehen muss. ...
> Dies sind die, die aus der großen Drangsal kommen, und sie haben ihre Gewänder gewaschen und haben sie weiß gemacht in dem Blut des Lammes. Darum sind sie vor dem Thron (*thrónos*) Gottes und dienen ihm Tag und Nacht in seinem Tempel (*naos*); und der, der auf dem Thron sitzt, wird sein Zelt über ihnen errichten. Sie werden nicht mehr hungern, auch werden sie nicht mehr

[10] Für den gesamten Tempelbezirk ist es „*hierón*“.

> dürsten, noch wird je die Sonne auf sie fallen, noch irgendeine Glut; denn das Lamm, das in der Mitte des Thrones ist, wird sie weiden und sie leiten zu Quellen der Wasser des Lebens, und Gott wird jede Träne von ihren Augen abwischen.

„*Naos*" leitet sich von einem Wort ab, das die Bedeutung hat: lebend davonkommen, genesen, geheilt werden; es ist wurzelverwandt mit: (be)wohnen, heimkehren, liebevoll herangehen, sich zu etwas gesellen, d.h. dort wo man gerne hingeht, (da wo Gott) wohnt.
Wird es für den Tempel in Jerusalem verwendet, dann aber nur für das Heiligtum selbst und dem Allerheiligsten. Darüber hinaus auch für den Leib des Herrn Jesus während Seiner Zeit auf der Erde (Joh 2,21) und für den Leib des Gläubigen (1. Kor 3,16) und für die Versammlung des lebendigen Gottes kollektiv (1. Kor 6,19).

Das aramäische Wort für Thron ist כרסא (transkribiert: *korsê'*). Es kommt nur 2-mal vor, in Daniel 5,20 und in Kapitel 7,9.
Der erste ist der vergängliche Thron eines Weltherrschers, der zweite ist der ewige Thron Gottes, des Herrschers über Seine Schöpfung.

> Daniel 7,9-10.13-14
> Ich schaute, bis Throne (*korsê'*) aufgestellt wurden und ein Alter an Tagen sich setzte: Sein Gewand war weiß wie Schnee, und das Haar seines Hauptes wie reine Wolle, sein Thron Feuerflammen, dessen Räder ein loderndes Feuer. Ein Strom von Feuer floss und ging von ihm aus; tausendmal Tausende dienten ihm, und zehntausendmal Zehntausende standen vor ihm. Das Gericht setzte sich, und Bücher wurden aufgetan. ...
> Und siehe, mit den Wolken des Himmels kam einer wie eines Menschen Sohn; und er kam zu dem Alten an Tagen und wurde vor denselben gebracht. Und ihm wurde Herrschaft und Herrlichkeit und Königtum gegeben, und alle Völker, Völkerschaften und Sprachen dienten ihm; seine Herrschaft ist eine ewige Herrschaft, die nicht vergehen, und sein Königtum ein solches, das nie zerstört werden wird.
> Ich sah, wie dieses Horn Krieg gegen die Heiligen führte und sie be-siegte, bis der Alte an Tagen kam, und das Gericht den Heiligen der höchsten Örter gegeben wurde und die Zeit kam, da die Heiligen das Reich in Besitz nahmen. –

Und das Reich und die Herrschaft und die Größe der Königreiche unter dem ganzen Himmel wird dem Volk der Heiligen der höchsten Örter gegeben werden. Sein Reich ist ein ewiges Reich, und alle Herrschaften werden ihm dienen und gehorchen.

„*Korsê'*" ist ein Machtsitz, ein Sitz der Autorität. Das Wort ist abgeleitet von der aramäischen Wurzel (*kur*), was „graben" oder „aushöhlen" bedeutet. „*Korsê'*"symbolisiert Macht, Herrschaft und Urteilsvermögen. Der Thron Gottes ist Ort höchster Autorität und Heiligkeit und verbunden mit göttlicher Gerichtsbarkeit und Souveränität.

Hier, in Daniel 7, erkennen wir, wie der „Alte an Tagen" und der „Sohn des Menschen" sich als *eine* göttliche Person darstellt. Daniel sieht in „Gesichten"[11] das Gerichtsereignis zu Beginn des 1000-jährigen Reiches, also „kurz" bevor die Herrschaft des Christus beginnt. Es wird nicht gesagt, wo das Gericht stattfindet, zu vermuten ist aber, dass dieser Thronsaal speziell für das Gericht über die Lebendigen (Mt 25,31-33.41-46) aus dem Himmel kommt und auf oder sichtbar über der Erde aufgerichtet wird. Denn es hat mit dem Ende der Weltreiche der Menschen zu tun.

Dass sich „ein Alter an Tagen" auf einen Thron *setzt*, symbolisiert Seine tiefe unerschütterliche Ruhe bezüglich der bevorstehenden Ereignisse. Er ist in völliger Ruhe und ohne Eile über das, was auf dieser Erde geschehen muss und dann auch geschieht.

Das hebräische Wort für Himmel ist שמים (transkribiert: *shâmayim*) und kommt 421-mal im AT vor.

Das Wurzelwort für „*Shâmayim*" hat die Bedeutung „erhaben sein". Das Wort wird oft verwendet, um den Wohnort Gottes zu bezeichnen und wo sein Thron steht und betont das alles Denken übersteigende Geschehen der Schöpfung und der Souveränität Gottes über Seine Schöpfung.

---

[11] Aramäisch *chêzev* = bezeichnet eine übernatürliche Vision oder Offenbarung oder Erkenntnis, oft prophetischer oder göttlicher Natur, die Gott einem Propheten oder Seher gewährt.

Siehe, ich komme *bald*.
Siehe, ich komme *schnell*, und mein Lohn mit mir,
um einem jeden zu vergelten, wie sein Werk ist.
Ja, ich komme *eilends*.

(Offenbarung 22,7.12.20)

Schnell naht die Zeit der Ewigkeit.
Verdräng es nicht! – Bist du bereit?
Bist du bereit?! – Mach es dir klar,
das Wort des HERRN ist ewig wahr!

»*Eilends*«! Hör doch Seine Stimme. –
Schärf in Beugung deine Sinne
und nimm sie an, die Retterhand,
die dich in deinen Sünden fand.

Nutze die Zeit, verhärte dich nicht!
Jesu Gnade sucht, Gottes Liebe spricht:
»Wo bist du?
Bei mir, du findest sel´ge Ruh«

Gleich einem Hirten führt Er heim,
die glaubend sagen: *Du Heiland mein*.
Bei IHM! – Im Himmel herrlich droben
wird Freude sein und ew´ges Loben! –

Der HERR kommt bald! – ja, das beglückt –
nur Sünder lässt ER dann zurück!
ER holt nur Seine Bluterkauften,
die treulich Seinen Worten glaubten.

Erscheint dir das krank, dumm, zum Hohn?
Am End´ steht ew´ger Höllenlohn.
Drum bangt mein Herz aus Angst um dich;
glaub Seinem Wort, irre dich nicht!

Der Preis den Sünder zahlen müssen,
ist ew´ge Pein bei anklagendem Gewissen.
Von Göttlichem vollkommen abgeschieden,
kein bisschen Liebe, Freude, Frieden.

Der große weiße Thron

Offenbarung 20,11-15

Und ich sah einen großen weißen Thron und den, der darauf saß, vor dessen Angesicht die Erde entfloh und der Himmel, und keine Stätte wurde für sie gefunden. Und ich sah die Toten, die Großen und die Kleinen, vor dem Thron stehen, und Bücher wurden aufgetan; und ein anderes Buch wurde aufgetan, welches das des Lebens ist. Und die Toten wurden gerichtet nach dem, was in den Büchern geschrieben war, nach ihren Werken. Und das Meer gab die Toten, die in ihm waren, und der Tod und der Hades gaben die Toten, die in ihnen waren, und sie wurden gerichtet, jeder nach seinen Werken. Und der Tod und der Hades wurden in den Feuersee geworfen. Dies ist der zweite Tod, der Feuersee. Und wenn jemand nicht geschrieben gefunden wurde in dem Buch des Lebens, so wurde er in den Feuersee geworfen.

Das Adjektiv „groß" heißt im Griechischen μέγας (transkribiert: *megas*) und hat die Bedeutung von „sehr groß, gewaltig, überragend, mächtig, außerordentlich".

„*Megas*" bezieht sich im NT oft auf die Dimension, die Größe von Gottes Werken und Wirken, auf die Wirkung von Ereignissen und auf die Autorität des Christus, hier in Seinem Amt als „der von Gott verordnete Richter … der Toten" (Apg 10,42). Der Begriff „*megas*" betont in unserem vorliegenden Kontext die Erhabenheit und Überlegenheit der Person die auf diesem Thron sitzt, dieses Ortes und des bevorstehenden Ereignisses.

Die unbunte Farbe „Weiß" nennt man im Griechischen λευκός (transkribiert: *leukos*). „Weiß" hat im NT 25 Vorkommnisse und steht immer in Bezug zu himmlischen bzw. zu göttlichen Dingen. Sie symbolisiert Reinheit, Unschuld, einen Neuanfang, auch Vollkommenheit.

Die Mischung aller sieben Spektralfarben, Rot, Orange, Gelb, Grün, Blau, Indigo und Violett, macht das weiße Licht aus; wird auch nur eine Farbe absorbiert („verschluckt") ergibt sich aus dem übriggebliebenen Gemisch eine ganz bestimmte Farbe, aber keinesfalls Weiß. Weiß ist keine Spektralfarbe, sondern die Summe aller Spektralfarben, die den gleichen Farbeindruck hervorrufen wie das Sonnenlicht.

Das heißt für uns bei der Betrachtung des vorliegenden Textes, dass alles Göttliche im Himmel, die Summe der himmlischen Herrlichkeiten erschienen ist zum Gericht über alle noch im Tod verbliebenen Toten, angefangen bei Kain, dem Brudermörder. Und der, der auf diesem weißen Thron sitzt ist der Christus, der Gesalbte Jesus, Gott und Mensch, in dem die ganze Fülle der Gottheit wohnt, dem das ganze Gericht auszuüben gegeben ist (Kol 1,18; 2,9; Joh 5,22.27). Jede Verunreinigung durch das „Prinzip der Sünde“[12] muss und wird hier und jetzt auf ewig hinweggetan. Ewige und hochheilige Vollkommenheit wird hergestellt werden, indem Gott alles neu macht.

„Thron“ ist der schon betrachtete „*thronos*“.

Die Glaubenden der Gnadenzeit, die Kinder Gottes, sowohl die durch den Tod „heimgegangenen“ – sie „warteten“ im Paradies auf ihre Auferstehung – als auch die Lebenden, sind schon entrückt worden „in Wolken dem Herrn entgegen in die Luft; und so werden wir allezeit bei dem Herrn sein (1. Thess 4,16.17. S.a. Joh 14,1-3; 17,24; 1. Kor 15; Phil 3,20-21;).

> Offenbarung 19,19-21
> Und ich sah das Tier und die Könige der Erde und ihre Heere versammelt, Krieg zu führen mit dem, der auf dem Pferd saß, und mit seinem Heer. Und es wurde ergriffen das Tier und der falsche Prophet, der mit ihm war, ... – lebendig wurden die zwei in den Feuersee geworfen, der mit Schwefel brennt. Und die übrigen wurden getötet mit dem Schwert dessen, der auf dem Pferd saß, dem Schwert, das aus seinem Mund hervorging.

1000 Jahre später wird auch der „Drache, die alte Schlange, die der Teufel und der Satan ist“, in den Feuer- und Schwefelsee geworfen.

> Offenbarung 20,1-3; 7-10
> Und ich sah einen Engel aus dem Himmel herabkommen, der den Schlüssel des Abgrunds und eine große Kette in seiner Hand

[12] Das „Prinzip der Sünde“ beschreibt den Zustand der Trennung von Gott, die Ablehnung seines Willens und das Verfehlen der göttlichen Bestimmung (griech. *hamartia* = Zielverfehlen). Sie ist mehr als nur eine einzelne Tat, sondern ein Urzustand der Entfremdung, der aus Emanzipation, Egoismus, Rebellion und dem Verlangen, wie Gott zu sein, entspringt. Es bezieht die seit dem Sündenfall eingetretene Entfremdung <u>aller</u> Dinge von Gott mit ein, denn in die Schöpfung kam die Sünde.

hatte. Und er griff den Drachen, die alte Schlange, die der Teufel und der Satan ist; und er band ihn 1000 Jahre und warf ihn in den Abgrund und schloss zu und versiegelte über ihm, damit er nicht mehr die Nationen verführe, bis die 1000 Jahre vollendet wären. Nach diesem muss er eine kleine Zeit gelöst werden. ...
Und wenn die 1000 Jahre vollendet sind, wird der Satan aus seinem Gefängnis losgelassen werden und wird ausgehen, die Nationen zu verführen, die an den vier Ecken der Erde sind, den Gog und den Magog, sie zum Krieg zu versammeln, deren Zahl wie der Sand des Meeres ist. Und sie zogen herauf auf die Breite der Erde und umzingelten das Heerlager der Heiligen und die geliebte Stadt; und Feuer kam [von Gott] herab aus dem Himmel und verschlang sie. Und der Teufel, der sie verführte, wurde in den Feuer- und Schwefelsee geworfen, wo sowohl das Tier ist als auch der falsche Prophet; und sie werden Tag und Nacht gepeinigt werden von Ewigkeit zu Ewigkeit.

Die ungläubigen Toten aller Zeiten, Epochen und Haushaltungen, sie starben als Gottlose in ihren Sünden, werden nun, nach diesen 1000 Jahren, ins Leben zurückgerufen und zwar buchstäblich und real in dem Zustand (mit Leib, Geist und Seele) in dem sie gestorben waren. Sie werden zum finalen Gericht und vor den „großen weißen Thron“ zitiert.

Dieser gewaltige, furchteinflößende Thron steht in einem grenzenlosen leeren Raum. Nichts, gar nichts wird jemals wieder mit dem Bösen, der Sünde, der Gottlosigkeit und den bis zuletzt aufbewahrten Vasallen des Teufels in Berührung kommen, nichts wird mehr durch Sünde verunreinigt. Der große weiße Thron ist dort nur für diesen einen Zweck aufgerichtet, nämlich auch die allerletzten Träger dieses widergöttlichen Prinzips gänzlich und vollkommen auszurotten.

Offenbarung 20,11-15
Und ich sah einen großen weißen Thron und den, der darauf saß, vor dessen Angesicht die Erde entfloh und der Himmel, und keine Stätte wurde für sie gefunden. Und ich sah die Toten, die Großen und die Kleinen, vor dem Thron stehen, und Bücher wurden aufgetan; und ein anderes Buch wurde aufgetan, welches das des Lebens ist. Und die Toten wurden gerichtet nach dem, was in den Büchern geschrieben war, nach ihren Werken. Und das Meer gab

die Toten, die in ihm waren, und der Tod und der Hades gaben die Toten, die in ihnen waren, und sie wurden gerichtet, jeder nach seinen Werken. Und der Tod und der Hades wurden in den Feuersee geworfen. Dies ist der zweite Tod[13], der Feuersee. Und wenn jemand nicht geschrieben gefunden wurde in dem Buch des Lebens, so wurde er in den Feuersee geworfen.

VORLADUNG

Datum: „Der Tag des HERRN"
„Der Tag des Zorns Gottes"

Terminsache:

Öffentliche Strafgerichtssache

Die Himmlischen, Irdischen und Unterirdischen Wesen sind, ein jeder an seinem Ort, abseitsstehende Zuschauer und Zuhörer.

Anwesenheitspflicht für alle gottlos verstorbenen Menschen!

Der ewige und heilige Gott, der Sohn,
der Herr Jesus Christus, der Höchste
./.
Söhne des Bösen (Mt 13,38)
Söhne der Hölle (Mt 23,15)
Söhne des Verderbens (Joh 17,12)
Söhne des Teufels (Apg 13,10)
Söhne des Ungehorsams (Eph 2,2; 5,6; Kol 3,6)

1.) Anberaumter Gerichtstermin:
Nach Vollendung der 1000 Jahre (Off 20,7)

2.) Gerichtssaal und Gerichtsstuhl:
Der „Große Weiße Thron" (Off 20,11)

3.) Vorsitzender Richter:
Der von Gott verordnete gerechte Richter, Sein Name:
„Das Wort Gottes"
(Joh 5,22; Off 19,13; Apg 10,42; 17,31; 2. Tim 4,1)

---

13 Der „zweite Tod" bedeutet lebendig, ewig von Gott getrennt bewusst „Höllenqualen" ertragen, ewiges Sterben und doch nie tot sein.

4.) Beisitzende Richter (Schöffen):
Die Heiligen der Gnadenzeit,
die Versammlung des lebendigen Gottes (1.Kor 6,2.3)

5.) Protokollführer:
Der Herr, Sein Name: „Treu und Wahrhaftig" (Off 19,11)

6.) Beschuldigte:
Unbußfertige Sünder

7.) Tatvorwurf: (Jeder einzelnen Anklagepunkt wird öffentlich vorgelesen)
Ungehorsam, Ablehnung, offene Feindschaft
und Rebellion gegen Gott.

8.) Strafverteidiger, Anwalt der Beschuldigten:
Niemand. Sie alle haben ausdrücklich den einzigen,
den besten Anwalt abgelehnt!

9.) Vertreter der Anklage:
Jesus Christus, vollkommener Mensch, der Wahrheit dienend.
Mose, der Knecht Gottes, König in *Yeshûrûn* (Joh 5,45; 5. Mo 33,5).

10.) Urteilsspruch:
Schuldig im Sinne der Anklage.
Die erdrückenden und durch nichts widerlegten Personen- und Sachbeweise lassen gerechterweise nur dieses Urteil zu.

11.) Rechtsmittel:
Können keine eingelegt werden!
Ein Revisionsverfahren ist nicht zugelassen, weil nicht möglich, es gibt keine nächst höhere Instanz.

12.) Vollstreckung des Urteils:
Mit sofortiger Wirkung!

13.) Haftdauer:
Ewigkeiten! (Off 14,11)

14.) Name der Justizvollzugsanstalt (JVA):
„Hölle des Feuers"; „Feuersee", „See, der mit Feuer
und Schwefel brennt" (Mt 18,9; Off 20,15; 21,8)

Ewige Haftbedingungen:

1.) „Da wird sein das Weinen und das Zähneknirschen".
(Dieses Merkmal beschreibt der Herr sechsmal; es wird siebenmal erwähnt: Alles menschliche Streben ohne Gott führt in die ewige, die vollkommene Pein);

2.) „Wo der Wurm[14] nicht stirbt und das Feuer nicht erlischt".
(Dieses Merkmal beschreibt der Herr in einer Rede dreimal: Das wesenhafte dieses schrecklichen Ortes kann in seiner Wirklichkeit nicht deutlicher ausgedrückt werden);

3.) Wie in einem außergewöhnlich heiß brennenden Feuerofen; ein unauslöschliches Feuer;

4.) Finsternis,

5.) Dennoch Unterscheidung von „Tag" und „Nacht", (d.h., die ihnen bekannte Zeit zählt bewusst weiter - ohne Ende);

6.) Schlaflosigkeit;

7.) Sie haben keine Ruhe Tag und Nacht;

8.) Verletzungen werden nicht versorgt;

9.) Krankheiten sind unheilbar;

10.) Keinerlei persönliche Habe;

11.) Nackt;

12.) Völliges Bewusstsein und Erinnerungsvermögen;

13.) Kein Wasser, d.h. Durst, ewig unerträglicher, quälender Durst;

14.) Füße und Hände bleiben gefesselt (d.h. völlig wehrlos);

15.) Der Rauch der Qualen[15], aufgrund von Feuer und Schwefel, steigt auf von Ewigkeit zu Ewigkeit;

16.) Sehen und Erkennen der Glückseligen in der Herrlichkeit und ihre wunderbare Gemeinschaft mit Gott;

17.) das heißt definitiv: der alte natürliche Mensch wird wieder mit Geist, Seele und Leib ewig existieren, und zwar in dem Zustand, in dem ihn der Tod ereilt hat;

---

[14] Wörtl. „Made"; d.h. die ewig nagende, anklagende Gewissenspein und Verzweiflung.
[15] D.h. immerwährende Verbrennungen 3. Grades.

18.) Sterben zur Erlösung von den Qualen: unmöglich, denn diese Art Ewigkeit ist der zweite Tod (d.h., ein nie endendes Sterben unter unvorstellbaren Qualen);

19.) Schutzlos in der Gesellschaft des Teufels, der gefallenen Engel (der Dämonen) und all seiner Verbündeten;

20.) Es ist ein Hochsicherheitsgefängnis;

21.) Fluchtmöglichkeiten: absolut keine;

22.) Hoffnungslosigkeit!

Mt 8,12 u. Lk 13,28; Mt 13,42.50; 22,13; 24,51; 25,30;
Mk 9,44.46.48 (vgl. Jes 66,24);
Mt 3,12; 5,22.26-30; 23,33; Lk 16,19-31;
1.Thes 4,13; 1.Pet 3,19; 2.Pet 2,17; Jud 13;
Off 14,10.11; 20,10.15; 21,8

Das Ziel aller Heilsabsichten Gottes

– des Gott-Menschen Jesus – ist *nicht* eine verbesserte Welt. Diese ganze Schöpfung alles, alles was darüber, darauf und darunter ist, ist völlig verdorben und unrettbar, der Mikrokosmus und der Makrokosmos. Gar nichts darf an das Alte, das Verdorbene, die Sünde erinnern.

Wir sahen angesichts des großen weißen Throns und dem, der darauf saß, dass vor dessen Angesicht die Erde entfloh und der Himmel, und keine Stätte für sie gefunden wurde (Off 20,11).

Nach dem „großen weißen Thron" beginnt der sogenannte „ewige Zustand", oder auch die (zeitlose) Ewigkeit.

Der Apostel Johannes sieht einen neuen[16] Himmel und eine neue[16] Erde; denn der erste Himmel und die erste Erde waren vergangen, und das Meer ist nicht mehr. … Und ich sah keinen Tempel (*naos*) in ihr, denn der Herr, Gott, der Allmächtige, ist ihr Tempel (*naos*), und das Lamm.
Und der, der auf dem Thron saß, sprach: Siehe, ich mache alles neu[16]. Und er spricht [zu mir]: Schreibe, denn diese Worte sind gewiss und wahrhaftig. Und er sprach zu mir: Es ist geschehen. *Ich* bin das Alpha und das Omega, der Anfang und das Ende. …
Und er zeigte mir einen Strom von Wasser des Lebens, glänzend wie Kristall, der hervorging aus dem Thron Gottes und des Lammes[17]. In der Mitte ihrer Straße und des Stromes, diesseits und jenseits, war der Baum des Lebens, der zwölf Früchte trägt und jeden Monat seine Frucht gibt; und die Blätter des Baumes sind zur Heilung der Nationen. Und keinerlei Fluch wird mehr sein; und der Thron Gottes und des Lammes wird in ihr sein; und seine Knechte werden ihm dienen, und sie werden sein Angesicht sehen; und sein Name wird an ihren Stirnen sein. Und Nacht wird nicht mehr sein und kein Bedürfnis nach einer Lampe und dem Licht der

---

[16] *Kainos*; neu in Bezug auf Frische, auf Qualität die anders und höherwertiger ist, genauso noch nicht gewesen, unbenutzt, unbekannt, kürzlich hergestellt, dem Vorigem überlegen, beispiellos, neuartig. *Kainos* betont den qualitativen Aspekt der Neuheit und suggeriert eine Transformation oder Erneuerung, die sich grundlegend vom Alten unterscheidet, neu der Erscheinungsform und/oder dem Charakter nach.

[17] Auch hier wieder *ein* Thron für Gott und das Lamm, das ist der Gekreuzigte, Christus Jesus (Joh 1,29.36). Es ist eindeutig: Der Mensch Jesus ist in der Ewigkeit der eine Gott.

Sonne; denn der Herr, Gott, wird über ihnen leuchten, und sie werden herrschen von Ewigkeit zu Ewigkeit" (Off 21,1.5-6.22; 22,1-5).

Von nun an ist der Herr Jesus Christus allein „Gott alles in allen und in allem" (1. Kor 15,28). Namen, Titel und Attribute gibt es nicht mehr.

Sein Wille und Sein Ratschluss ist eine vollkommen neue Schöpfung, rein und heilig. In dieser vollkommenen Neuschöpfung hat Gott nun eine hochheilige Gemeinschaft mit Menschen, die Seinem Wesen und Seiner Natur entsprechen. Da gibt es Menschen auf der neuen Erde die Ihm dienen in Vollkommenheit – in Treue und Hingabe aus Liebe – im Erinnern an Sein Versöhnungswerk, an Seine große Liebe, Seine heilbringende Gnade und Barmherzigkeit. Und es gibt ungezählte Scharen von Menschen, kollektiv Seine himmlische Braut, die Versammlung des lebendigen Gottes. Sie wird „das himmlischen Jerusalem", genannt und in ihr *wohnt* Gott nun als ihr Mittelpunkt. Und mit ihr zusammen nimmt Er auch *Wohnung bei* den Menschen auf der neuen Erde, „mich ergötzend (od. mich fröhlich erfreuen) auf dem bewohnten Teil seiner Erde; und meine Wonne[18] war bei den Menschenkindern" (Spr. 8,31).

[18] Wonne = Freude am Gegenstand der Liebe.

Oh Ewigkeit, du Donnerwort

Oh Ewigkeit, du Donnerwort,
oh Schwert, das durch die Seele bohrt,
oh Anfang sonder Ende!
Oh Ewigkeit, Zeit ohne Zeit,
ich weiß vor großer Traurigkeit
nicht, wo ich mich hinwende.
Mein ganz erschrocknes Herz erbebt,
dass mir die Zung am Gaumen klebt.

Kein Unglück ist in aller Welt,
das endlich mit der Zeit nicht fällt
und ganz wird aufgehoben.
Die Ewigkeit nur hat kein Ziel,
sie treibet fort und fort ihr Spiel,
läßt nimmer ab zu toben;
ja, wie mein Heiland selber spricht,
aus ihr ist kein Erlösung nicht.

Oh Ewigkeit, du machst mir bang,
oh ewig, ewig ist zu lang!
Hier gilt fürwahr kein Scherzen
Drum, wenn ich diese lange Nacht
zusamt der großen Pein betracht,
erschreck ich recht von Herzen.
Nichts ist zu finden weit und breit
so schrecklich als die Ewigkeit.

Ach Gott, wie bist du so gerecht;
wie strafst du einen bösen Knecht
so hart im Pfuhl der Schmerzen!
Auf kurze Sünden dieser Welt
hast du so lange Pein bestellt.
Ach nimm dies wohl zu Herzen;
betracht es oft, o Menschenkind:
Kurz ist die Zeit, der Tod geschwind.

Wach auf, oh Mensch, vom Sündenschlaf;
ermuntre dich, verlornes Schaf,
und bessre bald dein Leben!
Wach auf, es ist doch hohe Zeit,
es kommt heran die Ewigkeit,
dir deinen Lohn zu geben.
Vielleicht ist heut der letzte Tag;
wer weiß noch, wie man sterben mag?

Oh Ewigkeit, du Donnerwort,
oh Schwert, das durch die Seele bohrt
oh Anfang sonder Ende!
Oh Ewigkeit, Zeit ohne Zeit!
Ich weiß vor großer Traurigkeit
nicht, wo ich mich hinwende.
Nimm du mich, wenn es dir gefällt,
Herr Jesu, in dein Freudenzelt!

Johann Rist (1607 - 1667)

Oh Ewigkeit, du Freudenwort

Oh Ewigkeit, du Freudenwort,
das mich erquicket fort und fort,
Oh Anfang sonder Ende!
Oh Ewigkeit, Freud ohne Leid,
ich weiß vor Herzensfröhlichkeit
gar nichts mehr vom Elende,
weil mir versüßt die Ewigkeit,
was uns betrübet in der Zeit.

Oh Ewigkeit, du währest lang!
Wenn mir auf Erden gleich ist bang,
weiß ich, dass solchs aufhöret.
Drum, wenn ich diese lange Zeit
erwäge samt der Seligkeit,
die nirgend nichts zerstöret,
so acht ich alles Leiden nicht,
weil´s kaum den Augenblick anficht.

Im Himmel lebt der Christen Schar
bei Gott viel tausend, tausend Jahr
und werden des nicht müde.
Sie stimmen mit den Engeln ein,
sie sehen stets der Gottheit Schein,
sie haben güldnen Frieden,
da Christus gibt, wie er verheißt,
das Manna, das die Engel speist.

Ach wie verlanget doch nach dir
mein mattes Herze mit Begier,
du überselges Leben!
Wann werd ich doch einmal dahin
gelangen, wo mein schwacher Sinn
stets pfleget nachzustreben?
Ich will der Welt vergessen ganz,
mich sehnen nach des Himmels Glanz.

Oh Ewigkeit, du Freudenwort,
das mich erquicket fort und fort,
oh Anfang sonder Ende!
Oh Ewigkeit, Freud ohne Leid!
Ich weiß von keiner Traurigkeit,
wenn ich mich zu dir wende.
Herr Jesu, gib mir solchen Sinn
beharrlich, bis ich komm dahin.

Kaspar Heunisch (1620 - 1690)

Verlag: BoD · Books on Demand GmbH,
Überseering 33, 22297 Hamburg, bod@bod.de
Druck: Libri Plureos GmbH, Friedensallee 273,
22763 Hamburg
ISBN: 978-3-8192-4722-4